LA THÉOGONIE

POÈME D'HÉSIODE

TRADUIT PAR M. PATIN

de l'Académie Française

Édition : BoD · Books on Demand, 31 avenue Saint-Rémy,
57600 Forbach, bod@bod.fr
Impression : Libri Plureos GmbH, Friedensallee 273,
22763 Hamburg (Allemagne)
ISBN : 978-2-3225-2438-9
Dépôt légal : Décembre 2024

Commençons notre chant par les Muses, habitantes du haut et divin Hélicon, qui, près d'une noire fontaine, devant l'autel du puissant fils de Cronos, mènent des danses légères ; qui, après avoir baigné leur beau corps dans les eaux du Permesse, de l'Hippocrène, du divin Olmeios, couronnent de chœurs gracieux, ravissants, les sommets de la montagne sacrée et les foulent sous leurs pieds agiles. C'est de là qu'elles descendent, lorsque, la nuit, dans un nuage, elles s'en vont parcourir la terre, faisant retentir au loin leur voix harmonieuse. Elles chantent Zeus qui s'arme de l'égide, Héra qui règne dans Argos et marche sur une chaussure dorée, la fille du roi des dieux, Athéné aux yeux d'azur, Apollon et sa sœur la chasseresse Arthémis, Poséidon, ce dieu dont les eaux embrassent la terre, dont le sceptre l'ébranlé, la vénérable Thémis, Aphrodite aux doux regards, Hébé à la couronne d'or, la belle Dioné, l'Aurore, le grand Hélios, la brillante Séléné, et Latone, et Japet, et Cronos aux rusés conseils, la Terre, le vaste Océan, la Nuit obscure, la race des autres dieux immortels.

Elles-mêmes elles enseignèrent leurs beaux chants à Hésiode, tandis qu'il paissait son troupeau au pied du divin Hélicon ; et voici comme me parlèrent ces déesses de l'Olympe, ces filles de Jupiter :

« Pasteurs qui dormez dans les champs, race grossière et brutale, nous savons ces histoires mensongères qui ressemblent à la vérité ; nous pouvons aussi quand il nous plaît, en raconter de véritables. »

Ainsi dirent les filles éloquentes du grand Zeus, et elles placèrent dans mes mains un sceptre merveilleux, un verdoyant rameau d'olivier ; elles me soufflèrent une voix divine, pour annoncer ce qui doit être et ce qui fut ; elles m'ordonnèrent de célébrer la race des immortels, les bienheureux habitants du ciel, elles surtout, dont la louange devait toujours ouvrir et terminer mes chants.

Mais c'est assez discourir, comme l'on dit, *sur le chêne et sur la pierre.*

Commençons donc par les Muses, qui, dans l'Olympe, charment la sublime intelligence de leur père, lorsqu'unissant leurs voix, elles disent et le présent, et l'avenir, et le passé. De leurs lèvres coulent avec une douceur infinie d'inépuisables chants : ils réjouissent le palais de Zeus, le maître de la foudre, où ils se répandent en accents harmonieux, et ils résonnent sur les sommets neigeux de l'Olympe, demeure des immortels. Cependant leur bouche céleste s'ouvre pour chanter et cette famille divine que Géa (la terre), et le vaste Ouranos (le ciel), engendrèrent, et les enfants qui en naquirent, les dieux auteurs de tous biens : elles chantent Zeus, le père des dieux et des hommes, commençant, finissant par ses louanges, célébrant en lui le plus fort, le plus puissant des dieux ; elles chantent la race des humains et celle des redoutables géants. Ainsi charment dans l'Olympe le cœur de Zeus ces divinités de l'Olympe que Zeus fit naître, que dans la Piérie lui donna Mnémosyne, souveraine des coteaux fertiles d'Eleuthère, ces filles de la déesse de mémoire, qui font oublier les maux et calment la douleur. Zeus, durant neuf nuits, avait visité leur mère, montant, loin du regard des immortels, dans sa couche sacrée ; et, quand l'année s'approcha de son terme, que les mois furent accomplis, que les jours marqués arrivèrent, elle mit au jour neuf vierges, qu'un même esprit anime, le cœur libre de soucis, sans autre soin que de chanter. Ce fut non loin de la dernière cime et des neiges de l'Olympe, où sont les brillants palais, théâtre de leurs jeux, où près d'elles ont leur demeure les Grâces et le Désir. Là, dans la joie des festins, leur "voix ravissante chante les lois de l'univers et la vie divine des immortels. De ces lieux elles montent vers le sommet de l'Olympe avec leurs accents mélodieux, leurs célestes chansons. Tout à l'entour, les échos de la noire terre les répètent, et sous leurs pas cadencés naît une aimable harmonie, tandis qu'elles s'avancent vers leur père. Au haut du ciel règne ce dieu, qui, maître du tonnerre et de la foudre étincelante, vainqueur de son père Cronos, régla souverainement les rangs et les honneurs des immortels.

Voilà ce que chantent les Muses, habitantes des palais de l'Olympe, les neuf filles du grand Zeus, Clio, Euterpe, Thalie, Melpomène, Terpsichore, Érato, Polymnie, Uranie, Calliope, la première entre ses sœurs, car elle habite avec les rois. Si, parmi ces nourrissons de Zeus, il en est un que les déesses ses filles protègent, et qu'elles aient regardé à sa naissance d'un œil favorable, elles répandent sur sa langue une douce rosée ; de sa bouche les paroles coulent comme le miel ; les peuples le contemplent, lorsqu'il juge les différents et prononce ses équitables arrêts ; il parle avec autorité, et devant ses discours tombent aussitôt les plus vives discordes. Car c'est en cela que se montre la sagesse d'un roi, qu'aux peuples opprimés ses jugements rendus sur la place publique assurent de justes réparations, et que l'on cède facilement à ses persuasives paroles. Marche-t-il par la ville, on l'adore comme un dieu, avec respect et amour ; il parait le premier au milieu de la foule qui l'entoure. Tels sont pour les humains les célestes présents des Muses. Des Muses et d'Apollon viennent les poètes, les maîtres de la lyre ; de Zeus viennent les rois. Heureux le mortel aimé des Muses ! Une douce voix coule de sa bouche. Quand vous êtes dans le malheur, dans l'affliction, que votre cœur se sèche de [100] douleur, si un serviteur des Muses vient à chanter l'histoire des premiers humains et des bienheureux habitants de l'Olympe, vous oubliez vos chagrins, vous n'avez plus souvenir de vos maux, et soudain vous êtes changé par le divin bienfait de ces déesses.

Filles de Zeus, je vous invoque. Donnez-moi des chants dignes de plaire. Dites cette race divine et immortelle, qui naquit de la terre, du Ciel étoile, de la Nuit obscure, ou sortit du sein de l'onde amère ; dites comment furent avant le reste et la terre, et les fleuves, et l'immense mer, dont les flots se gonflent et s'agitent, et les astres rayonnants et au delà le vaste ciel, et les enfants de ces dieux, les dieux auteurs de tous biens ; dites quelles possessions, quels honneurs ils obtinrent en partage, comment pour la première fois ils occupèrent l'Olympe aux sinueux replis ; dites-moi toutes choses, ô Muses, dont l'Olympe est le séjour, et, les reprenant dès l'origine, enseignez-moi d'abord par où tout a commencé.

Au commencement donc fut le Chaos, puis Géa au vaste sein, éternel et inébranlable soutien de toutes choses, puis, dans le fond des abîmes de la terre spacieuse, le ténébreux Tartare, puis enfin l'Amour, le plus beau des immortels, qui pénètre de sa douce langueur et les dieux et les hommes, qui dompte tous les cœurs, et triomphe des plus sages conseils.

Du Chaos et de l'Érèbe naquit la noire Nuit ; de la Nuit, l'Éther et le Jour, fruits de son union avec l'Erèbe. A son tour, Géa engendra d'abord, égal à elle-même en grandeur, Ouranos, qui devait la couvrir de toutes parts de sa voûte étoilée, et servir éternellement de séjour aux bienheureux immortels. Elle engendra les hautes Montagnes, demeure des Nymphes qui habitent leurs riants vallons ; elle produisit, sans l'aide de l'amour, la Mer au sein stérile, aux flots qui se gonflent et s'agitent. D'elle et d'Ouranos naquirent le profond Océan, Cœus, Crios, Hypérion, Japet, Théa, Rhéa, Thémis, Mnémosyne, et Phé bé à la couronne d'or, et l'aimable Thétis, Cronos enfin, après tous, le rusé Cronos, de leurs enfants le plus terrible, qui, dès le jour de sa naissance, haïssait déjà son père. Géa enfanta encore les durs Cyclopes, Brontès, Stéropès, Argès, qui ont donné à Zeus sa foudre, qui ont forgé son tonnerre. Semblables en tout le reste aux autres dieux, ils n'avaient qu'un œil au milieu du front : mortels nés d'immortels, ils reçurent le nom de Cyclopes, à cause de cet œil unique, qui, au milieu de leur front, formait un cercle immense. Ils eurent en partage la forcé et excellèrent dans les arts. De Géa et d'Ouranos naquirent encore trois autres enfants, énormes, effroyables, qu'on n'ose nommer : c'étaient Cottos, Briarée, Gyas, race orgueilleuse ; de leurs épaules sortaient cent invincibles bras, et de là aussi, au-dessus de leurs robustes membres, s'élevaient cinquante têtes ; leur force était extrême, immense comme leur corps.

Or de tous ces rejetons que produisirent Géa et Ouranos, ils furent les plus terribles, et dès l'origine, en horreur à leur père. A peine ils étaient nés, qu'il les cachait au jour dans les profondeurs de la terre, semblant se plaire à ces détestables œuvres. Cependant Géa, que remplissait leur masse, gémissait amèrement au-dedans d'elle-même. Elle médite une ruse cruelle, engendre le fer, en forge une immense faux et, le cœur plein de tendresse, tient à ses enfants ce langage audacieux :

« O mes enfants, vous que fit naître un père dénaturé, si vous voulez m'en croire, nous nous vengerons de ses outrages, car, le premier, il vous a provoqués par ses forfaits. »

Elle dit, mais la crainte les saisit tous ; aucun n'élè ve la voix ; seul, prenant confiance, le grand, le prudent Cronos répond en ces mots à sa mère vénérable : « Ma mère, j'accepte cette entreprise et je l'accomplirai. Je me soucie peu d'un odieux père, car, le premier, il a médité contre nous de détestables actes. »

Il dit, et l'immense Géa se réjouit en son cœur. Elle le cache dans un lieu secret, arme sa main de la faux aux dents acérées, et le prépare à la ruse qu'elle a conçue. Bientôt Ouranos descend avec la Nuit ; il vient s'unit à Géa, et s'étend de toutes parts pour l'embrasser. Alors, s'élançant de sa retraite, Cronos le saisit de la main gauche, et, de la droite, agitant sa faux immense, longue, acérée, déchirante, il le mutile, et jette au loin derrière lui sa honteuse dépouille. Ce ne fut pas vainement qu'elle s'échappa des mains de Cronos. Les gouttes de sang qui en coulaient furent toutes reçues par Géa, et, quand les temps furent arrivés, son sang fécond engendra les redoutables Erinnyes, les énormes Géants, couverts d'éclatantes armures, portant dans leurs mains de longues lances, les Nymphes habitantes de la terre immense, que l'on nomme Mélies. Cependant ces divins débris, que le tranchant du fer avait détachés, étaient tombés dans la vaste mer ; longtemps, ils flottèrent à sa surface, et, tout autour, une blanche écume s'éleva, d'où naquit une jeune déesse. Portée d'abord près de Cythère, puis vers les rivages de Chypre, ce fut là qu'on vit sortir de l'onde cette déesse charmante ; sous ses pas croissait partout l'herbe fleurie. Les dieux et les hommes l'appellent Aphrodite, parce qu'elle naquit de la mer ; Cythérée à la belle couronne, parce qu'elle s' approcha de Cythère ; Cypris, parce qu'elle parut pour la première fois sur les rivages de Cypre ; amie de la volupté, en souvenir de son origine. Dès sa naissance, lorsqu'elle allait prendre sa place dans l'assemblée des dieux, l'Amour et le bel Liméros (le Désir) marchèrent à sa suite. Elle eut dès l'abord en partage, entre tous les immortels, et tous les humains, les entretiens séducteurs, les ris gracieux, les doux mensonges, les charmes, les douceurs de l'amour.

Irrité contre ses enfants, contre ceux qu'il avait fait naître, Ouranos les appela Titans, exprimant par ce mot leur œuvre coupable, et les menaçant pour l'avenir d'un châtiment.

Et la Nuit engendra le triste Sort, la sombre destinée, la Mort, le Sommeil, la troupe des Songes ; la Nuit les engendra seule, sans s'unir à aucune autre divinité. Ensuite elle fit naître Momus, et la cruelle Douleur, enfin les Hespérides, gardiennes de ces beaux fruits, de ces fruits d'or, qui croissent aux confins de l'Océan : elle enfanta les Parques, ces sévères ministres de la destinée, Clotho, Lachésis, Atropos, qui président à la naissance des mortels, et leur distribuent les biens et les maux, qui, chargés de poursuivre les attentats des hommes et des dieux, ne laissent point reposer leur courroux que le coupable, quel qu'il soit, n'ait reçu son châtiment. De la funeste Nuit sortit encore Némésis, le fléau des humains, puis la Fraude et la Débauche, l'affreuse Vieillesse, l'ardente Discorde.

A son tour l'affreuse Discorde produisit le pénible Travail, l'Oubli, la Faim, les Douleurs, sources de larmes amères, les Combats, les Meurtres, les Massacres, les Disputes, le Mensonge, l'Équivoque, l'Anarchie et l'Injure, son habituelle compagne, le Serment enfin, si fatal à l'homme, quand il ne craint pas de se parjurer.

La Mer donna le jour au véridique Nérée : c'est l'aîné de ses enfants ; on célèbre le vieillard parce qu'il est sincère et bon, que jamais il n'oublie les lois de l'équité, qu'il n'a que des pensées de justice et de douleur. La Mer eut encore de son union avec la Terre le grand Thaumas, le fier Phorcys, la belle Céto, Eurybie dont la poitrine enferme un cœur de fer.

De Nérée et de la blonde Doris, fille de l'immense Océan, naquit dans la mer stérile une aimable postérité : Proto, Eucranté, Sao, Amphitrite, Eudore, Thétis, Galène, Glaucé, Cymothoé, Spéio, Thoé, la charmante Halie, la gracieuse Mélite, Eulimène, Agave, Pasithée, Érato,Eunice aux bras de rose, Doto, Proto, Phérusa, Dynamène, Nésée, Actée, Protomédie, Doris, Panopée, et la belle Galathee, et l'aimable Hippothoé, Hipponoé aux bras derose, Cymodocé qui, avec Cymatolège et la légère Amphitrite, apaise d'un mot les vagues courroucées de la sombre mer et le souffle furieux des vents ; Cymo, Eioné, Halimède à la brillante couronne, Glauconôme au doux sourire, Pontoporie, Leiagore,

Évagore, Laomédie, Polynôme, Autonoé, Lysianasse, Évarné, dont le port est aimable et la beauté parfaite, Psamathée si remplie de grâce, la divine Ménippe, Néso, Eupompe, Thémisto, Pronoé, Némertès enfin, qu'anime l'esprit véridique de son immortel père. Telles furent les cinquante filles qui naquirent de l'irréprochable Nérée, déesses irréprochables comme le dieu qui les fit naître.

Thaumas s'unit à Electre, fille du profond Océan, il en eut la rapide Iris, les Harpyes à la belle chevelure, et Aello, et Ocypète, qui d'une aile légère suivent dans leur vol les vents et les oiseaux, qui jamais ne quittent la région de l'air. Phorcys eut de Céto les belles Grées ; ainsi les nomment, à cause des cheveux blancs qui dès leur naissance ombragèrent leur front, et les dieux immortels et les hommes, habitants de la terre. C'est Péphrédo, au riche voile, Ényo, au voile doré. Après elles naquirent les Gorgones, qui habitent au delà de l'illustre Océan, aux extrémités de la terre, près de la Nuit, avec les Hespérides à la voix éclatante. C'est Sthéno, Buryale, Méduse, qui souffrit des maux si cruels. Méduse était mortelle, tandis que ses soeurs n'étaient sujettes ni à la vieillesse ni à la mort. Elle seule pourtant reçut, sur une molle prairie, parmi les fleurs du printemps, les embrassements du dieu à la chevelure azurée. Lorsque Persée eut coupé sa tête, de son sang s'élancèrent le grand Ohrysaor et le cheval Pégase ; celui-ci ainsi nommé des sources de l'Océan près desquelles il reçut la naissance, et l'autre, de l'épée d'or qu'il portait dans ses mains. Prenant son vol loin de la terre féconde, Chrysaor s'alla joindre aux immortels : il habite le palais de Zeus et au prudent Zeus il apporte sa foudre.

De Callirhoé, fille de l'illustre Océan, Chrysaor eut Géryon, aux trois têtes. Hercule vainquit ce monstre dans l'île d'Érythie, près de ses bœufs au pied flexible, au large-frond, le jour où, les enlevant, après avoir tué, au fond de leur étable obscure, ceux qui les gardaient, le chien Orthros et le pasteur

Eurityon, il les chassa devant lui, à travers les flots de l'Océan, et les conduisit dans la ville sacrée de Tirynthe.

Callirhoé enfanta encore dans une caverne un être monstrueux, auquel rien ne ressemble chez les dieux et chez les hommes, la divine, la redoutable Échidna. C'est dans la partie supérieure de son corps une jeune nymphe au doux regard, au beau visage, et dans le reste un énorme et affreux serpent, tout couvert d'écaillés aux couleurs changeantes, qui se repaît d'une nourriture sauvage dans les entrailles de la terre. Là, dans un antre, sous des rochers, loin des immortels et des mortels, est l'illustre demeure que lui ont assignée les dieux. Ainsi, près des monts Arimes, sous la terre a été reléguée la triste Échidnas nymphe immortelle, à jamais exempte de la vieillesse.

On dit que de Typhon, le plus impétueux, le plus terrible des vents, cette nymphe aux beaux yeux conçut une formidable race : d'abord le chien Orthros, que posséda Geryon ; puis l'horrible, le dévorant Cerbère, le gardien des demeures d'Hadès, le monstre aux cinquante têtes, à la voix d'airain, au corps énorme, à la force indomptable ; enfin, la cruelle Hydre de Lerne, que nourrit Héra dans son implacable haine contre Héraclès, mais qu'immola de son épée d'airain l'héritier d'Amphitryon, le fils de Zeus, aidé du courage d'Iolas et des conseils de la guerrière Athéné. Enfin c'est la Chimère, vomissant d'invincibles feux, la terrible, l'immense, la rapide et indomptable Chimère. Ce monstre avait trois têtes, une de lion, une de chèvre sauvage, une de serpent ; son encolure était d'un lion, sa croupe d'un serpent ; le reste d'une chèvre sauvage. Prodige affreux, de sa bouche s'échappaient des torrents de feu. Pégase et l'intrépide Bellérophonla firent périr. Du commerce de ce monstre avec Orthros sortit le Sphinx, fléau des Thébains, et ce lion qu'éleva l'auguste épouse de Zeus, et qu'elle lança sur les fertiles plaines de Némée pour le malheur de leurs habitants. Cet hôte terrible les dévorait en foule ; il régnait sur le Trétos de Némée, sur Apésas : mais enfin il périt, dompté par les bras vigoureux d'Héraclès.

Le dernier des enfants que Céto eut de Phorcys fut ce redoutable serpent, qui vit dans une caverne aux extrémités delà terre, et garde les fruits d'or du jardin des Hespérides. Telle est la postérité de Phorcys et de Céto. De Téthys et de l'Océan sortirent les fleuves rapides, et le Nil, et l'Alphée, avec le profond Éridan, et le Strymon, et le Méandre, avec le limpide Ister, le Phase, le Rhésus, l'Achéloùs qui roule des flots d'argent, le Nessus et le Rhodius, l'Haliacmon et l'Heptapore, le Granique, l'iEsépos, le divin Simoïs, le Pénée, l'Hermos, le Caïcos au tranquille cours, le vaste Sangarios, et le Ladon, et le Parthénios, et l'Événos, et l'Adrescos, et le divin Scamandre.

Téthys donna encore le jour à ces filles divines, auxquelles en tous lieux, comme à Apollon, comme aux fleuves, les hommes sacrifient leur chevelure. C'est Pitho, Admète, Ianthe, Electre, Doris, Prymmo, et Uranie, belle comme les déesses ; c'est Hippo, Clymène, Rhodia, Callirhoé, Zeuxo, Clytie, Idya, Pasithoé, Plexaure, Galaxaure et l'aimable Dioné ; c'est Mélobosis, Thoé, la belle Polydore, la séduisante Cercéis, Plouto aux grands yeux, et Perséis, et Ianira, et Acaste, et Xanthé ; c'est Pétrée qui charme les. cœurs, Ménestho, Europe, Métis, Eurynome, Télesto au voile couleur de safran, Chryséis, Asie, l'aimable Calypso ; c'est Eudore, c'est Tyché, c'est Amphirhoé, c'est Ocyrhoé, c'est la nymphe Styx, la première parmi toutes ses sœurs. De l'Océan et de Téthys naquirent d'abord ces filles et ensuite beaucoup d'autres : car il est trois mille Oceanides aux pieds gracieux, répandues sur la terre et présidant partout aux sources profondes, race brillante et divine. Autant de fleuves roulent à grands bruits leurs ondes, tous fils de l'Océan, tous issus de la vénérable Téthys ; une bouche mortelle ne saurait les nommer tous ; mais ceux-là connaissent leurs noms qui habitent près de leurs rives.

Théia fut mère du Soleil immense, de la Lune brillante, de l'Aurore, qui luit aux yeux des habitants de la terre et des habitants du large ciel. Elle les eut de son commerce avec Hypérion.

Unie à Crios, Eurybie, la première des nymphes, mit au jour le grand Astrasos, et le grand Pallante, et Perses, dont nul n'égalait la science.

D'Astrœos l'Aurore eut la race impétueuse des vents, et le violent Zéphyre, et le rapide Borée, et le Notus, fruits des amours d'un dieu et d'une déesse. Ensuite la déesse matinale produisit le brillant Héosphore, et les astres étincelants dont le ciel se couronne.

La nymphe Styx, fille de l'Océan, eut de son union avec Pallante le Zèle et la Victoire, la Puissance et la Force, illustres enfants. Ce n'est pas loin de Zeus que sont leurs palais et leurs trônes ; toujours ils siègent aux côtés, partout ils marchent à la suite du dieu qui fait gronder la foudre. Ainsi s'accomplirent les prudents conseils de Styx, l'immortelle Océanide, le jour où, sur les sommets de l'Olympe, le maître de l'Olympe, dieu aux flamboyants éclairs, convoqua tous les immortels. « Celui-ci, dit-il, qui viendra combattreavec moi contre les Titans ne perdra rien de ses divins attributs ; tous conserveront les honneurs dont ils jouissaient auparavant parmi les dieux, et si quelqu'un, sous le règne de Cronos, n'avait obtenu ni honneur ni récompense, il recevra l'un et l'autre comme le veut la justice. « Alors, vint la première sur l'Olympe, par le conseil de son père, l'immortelle nymphe Styx avec ses enfants. Zeus l'honora du prix le plus glorieux ; il voulut que jurer par ses eaux fût pour les dieux le plus redoutable des serments ; il ordonna que ses enfants habitassent éternellement avec lui. Il remplit également envers tous toutes ses promesses, possédant lui-même une puissance sans bornes et un empire souverain.

Phœbé entra dans la couche fortunée de Cœos, et des amours de ce dieu et de cette déesse naquit Latone au voile d'azur, à l'inaltérable douceur, qui jamais ne s'irrite contre les hommes ou contre les dieux, la plus gracieuse, la plus riante des habitantes de l'Olympe. Phœbé eut encore de Cœos l'illustre Astérie, que Perses conduisit dans son superbe palais et nomma son épouse.

D'Astérie naquit Hécate, favorisée par Zeus entre toutes les divinités, comblée par lui de magnifiques dons, qui en reçut une part de la terre et de la mer, qui déjà, sous le règne d'Ouranos, jouissait d'un sort glorieux, que révèrent les immortels eux-mêmes. Quelqu'un parmi les humains offre-t-il, selon les rites sacrés, un sacrifice expiatoire, c'est Hécate qu'il invoque ; à celui-là viennent aussitôt la grandeur et la fortune, dont la puissante Hécate reçoit favorablement les prières.

Aux attributs répartis entre les enfants de la Terre et du Ciel Hécate avait participé. Zeus ne lui a rien ravi de ce qu'elle obtint autrefois parmi les premiers dieux, parmi les Titans ; elle possède encore tout ce que lui a donné cet antique partage. Pour être seule de sa race, ses honneurs n'en sont pas moindres sur la terre, sur la mer et dans le ciel ; au contraire, ils se sont accrus, parce que Zeus l'honore. Elle peut, comme elle le veut, prêter son aide puissante aux humains : à son gré, elle leur accorde l'empire dans les assemblées des peuples ; lorsqu'ils se précipitent au milieu de la mêlée meurtrière, elle est là, qui leur distribue à son gré la victoire et la renommée. Dans les jugements elle s'assied auprès des rois, sur leur auguste tribunal. C'est elle qui préside aux jeux de la lice, et le mortel qu'elle favorise, vainqueur de ses rivaux par la force et par le courage, emporte sans peine le prix du combat, et, le cœur plein de joie, couronne de sa gloire ceux qui l'ont fait naître. C'est elle qui préside aux courses de char, aux travaux de la mer orageuse. Les matelots l'invoquent ainsi que le dieu qui ébranle à grand bruit la terre. Elle peut, à sa volonté, envoyer au chasseur une riche proie, ou la lui ravir. C'est elle encore, qui, dans les étables, préside, avec Hermès, à la prospérité des troupeaux ; par elle par sa volonté, se multiplient ou dépérissent et les bœufs, et les chèvres, et les brebis à l'épaisse toison. Ainsi quoique seule de sa race, quoique l'unique fruit des amours de sa mère, elle a part à tous les honneurs des dieux. Le fils de Cronos confia en outre à ses soins les premières années de tous les hommes qui après elle ouvriraient les yeux à la lumière de l'éclatante Aurore ; elle dut être dès l'origine leur nourrice et leur mère. Voilà les glorieuses fonctions qui lui furent départies.

Cédant à l'amour de Cronos, Rhéa eut de lui d'illustres enfants, Hestia, Déméter, Héra à la chaussure d'or, le redoutable Hadès aux demeures souterraines, au cœur inflexible, l'impétueux et bruyant Poséidon, le sage Zeus, père des dieux et des hommes, qui de sa foudre ébranle la vaste terre. A peine sortis des entrailles sacrées de leur mère et déposés sur ses genoux, le grand Cronos engloutissait dans son sein tous ses enfants : c'était pour qu'aucun des glorieux descendants du ciel ne pût un jour lui ravir le sceptre. Car il avait appris d'Ouranos et de Géa, que le sort le condamnait à passer, malgré sa puissance, sous le joug d'un de ses fils, à succomber sous les conseils de Zeus. Ne perdant pas de vue ce danger, attentif à le prévenir, Cronos dévorait ses propres enfants, et Rhéa était en proie à la douleur. Le moment venu de donner le jour à Zeus, elle supplie ses antiques parents, Géa et Ouranos couronné d'astres, elle implore leurs conseils pour cacher la naissance de son fils, pour que ce fils puisse un jour punir les fureurs d'un père cruel de ce grand et rusé Cronos qui avait dévoré ses propres enfants. Ils l'entendent et l'exaucent ; ils lui révèlent ce que les destins ont décidé et de Cronos et de son fils au cœur indomptable ; ils l'envoient à Lyctos, dans la riche terre de Crète, lorsqu'elle est près d'enfanter le dernier de sa race, le grand Zeus ; l'immense Géa le reçoit, se charge de l'élever et de le nourrir dans les vastes campagnes de la Crète. D'une course rapide, au milieu des ombres de la nuit, la déesse se rend à Lyctos ; elle y porte le fruit de ses entrailles, que recueille Géa, et qu'elle cache dans un antre profond, sous les épaisses forêts du mont Egée. Enveloppant de langes une énorme pierre, Rhéa la présente au puissant fils d'Ouranos, au précédent roi des dieux. Il la prend et l'engloutit aussitôt ; insensé, qui ne sait pas qu'au lieu de cette pierre un fils lui est conservé, un fils qui ne connaîtra ni la défaite ni les soucis, qui bientôt doit le dompter par la force de son corps, le dépouiller de ses honneurs, et régner à sa place sur les immortels.

Cependant le nouveau dieu s'élevait rapidement ; ses forces s'augmentaient avec son courage. Le temps venu, surpris par les ruses de Géa, vaincu par les bras et les conseils de son fils, le rusé Cronos rendit à la lumière ces dieux issus de son sang, qu'il avait engloutis. Et d'abord il vomit la pierre engloutie après eux. Zeus la fixa sur la terre, dans la divine Pytbo, au pied du Parnasse, pour être un jour, aux yeux des mortels, le monument de ces merveilles.

Par lui furent ensuite délivrés les Ouranides, ses oncles, que, dans sa fureur insensée, son père avait chargés de chaînes. En reconnaissance de ce bienfait, ils lui donnèrent la foudre ardente, le tonnerre, les éclairs, jusqu'alors enfermés dans le vaste sein de la Terre. C'est par ces armes qu'il règne sur les hommes et sur les dieux.

Pour femme, Japet se donna la belle Clymène, fille de l'Océan. Avec elle il entra dans la même couche et elle lui donna pour fils l'indomptable Atlas, l'orgueilleux Ménétios, Prométhée au génie subtil et artificieux, l'imprudent

Épiméthée, le premier auteur de nos maux, si funeste aux humains, car c'est lui qui reçut cette vierge que Zeus avait formée. Zeus au perçant regard frappa de sa foudre et précipita dans l'Érèbe Ménétios, indigné de son arrogance et de son audace. Par une dure loi relégué aux extrémités de la terre, non loin des harmonieuses Hespérides, Atlas soutient de sa tête et de ses infatigables mains la voûte immense du ciel. C'est le prudent Zeus qui lui assigna cette destinée. Le même dieu chargea d'indissolubles liens et enchaîna fortement à une colonne le rusé Prométhée ; il lui envoya un aigle aux ailes étendues, qui se repaissait de son foie immortel. Autant le monstre ailé en avait dévoré pendant le jour, autant il en renaissait pendant la nuit. Mais le fils de la belle Alcmène, le courageux Héraclès, délivra Prométhée de son bourreau et termina ses souffrances. Ainsi le permit le dieu qui règne au sommet de l'Olympe, afin que la gloire du héros thébain s'accrût encore sur cette terre, féconde nourrice des êtres. Il voulut honorer par cette nouvelle victoire son illustre fils et calma en sa faveur le courroux qu'il avait autrefois conçu contre Prométhée, parce que celui-ci avait osé entrer en lutte avec les conseils du puissant fils de Cronos. Dans le temps que se jugeait, à Mécone, la dispute des dieux et des hommes, Prométhée servit à Zeus, pour surprendre sa prudence, un bœuf immense dont il avait d'avance fait le partage : une part contenait, renfermées dans la peau de l'animal, la chair, les grasses entrailles : dans une autre les os artistement disposés étaient recouverts d'une graisse épaisse :

« Fils de Japet, le plus illustre des rois, s'écria le père des dieux et des hommes, cher Prométhée, tu as fait là un partage bien inégal. »

Ainsi parla, pour le railler, Zeus aux conseils éternels. Le rusé Prométhée lui répondit avec un léger sourire, l'esprit toujours occupé de son artifice :

« Glorieux Zeus, le plus grand des immortels, choisis de ces deux portions celle qui t'agréera le plus. »

Il dit, pensant tromper Zeus ; mais le dieu aux conseils éternels n'était point abusé par sa ruse ; il la connaissait ; déjà, il méditait en lui-même contre les mortels une funeste vengeance, qui devait être accomplie. De ses mains il enleva l'enveloppe de graisse, et un violent courroux s'éleva dans son cœur à la vue des blancs ossements que sous une trompeuse apparence elle recelait. C'est depuis ce temps que sur la terre, chez toutes les races humaines, on brûle les os des victimes sur les autels fumants des dieux.

Cependant Zeus irrité s'écrie :

« Fils de Japet, dont nul n'égale l'adresse, cher Prométhée, tu n'as pas, on le voit, renoncé à la ruse ! »

Ainsi parla, dans sa colère, Zeus aux conseils éternels. Depuis, gardant le souvenir de son injure, il refusa aux mortels, aux malheureux habitants de la terre, le feu, ce puissant et actif élément. Mais il fut encore trompé par l'industrieux fils de Japet, qui sut le lui dérober, en refermant dans la tige d'une férule ses rayons éclatants. Cependant le cœur de Zeus est rongé par le dépit, la colère s'empare de son âme, lorsqu'il voit au loin, dans la demeure des humains, briller le feu qui lui est ravi. Pour se venger, il leur prépare aussitôt un fléau fatal. Par ordre du fils de Cronos, l'illustre boiteux façonne avec de l'argile la pudique image d'une vierge. Athéné aux yeux d'azur la revêt elle-même d'une blanche tunique, et elle-même lui attache sa ceinture ; elle jette sur sa tête un voile d'un merveilleux travail ; elle orne ses cheveux de fleurs fraîchement écloses, de gracieuses guirlandes ; enfin, elle place sur son front une couronne d'or, chef-d'œuvre de l'illustre Boiteux. Ce dieu l'avait travaillée de ses mains, pour complaire aux désirs de Zeus, de son illustre père. On y voyait, en grand nombre, ciselés avec un art admirable, les monstres que nourrissent la terre et la mer ;

une grâce divine brillait dans cet ouvrage ; ces figures semblaient vivre et respirer.

Lorsque le dieu a ainsi préparé ce fléau décevant, ce présent fatal, il amène la jeune fille, parée des dons de la déesse aux yeux d'azur, au père tout-puissant, dans l'assemblée des dieux et des hommes. Les dieux et les hommes admirent ce piège cruel à l'attrait duquel la race mortelle n'échappera pas.

C'est d'elle que vient la race des femmes ; c'est d'elle que viennent ces funestes compagnes de l'homme, qui s'associent à sa prospérité et non à sa misère. On voit les abeilles nourrir sous l'abri de leurs ruches de méchants et parasites frelons ; tandis qu'elles s'empressent tout le jour, jusqu'au coucher du soleil, pour composer leur miel, et remplir leurs blancs rayons, ceux-ci, à l'ombre des cellules, recueillent à loisir une moisson étrangère, et s'engraissent du labeur d'autrui. Telles sont les femmes que le dieu à la foudre retentissante a données aux hommes pour partager les fruits de leurs pénibles travaux. Bien des maux nous viennent de ce cruel présent que nous a fait Zeus au bruyant tonnerre. Si nous fuyons l'hymen et le commerce inquiet des femmes, nous n'avons, aux jours de la triste vieillesse, personne qui nous soutienne et nous console : en vain nous sommes dans l'abondance ; à notre mort, des parents éloignés se partagent entre eux notre héritage. Le sort nous a-t-il unis à une épouse vertueuse et chère, le mal se mêle encore au bien dans toute notre vie. Mais s'il nous fait rencontrer quelque femme d'une race perverse, alors nous vivons dans l'amertume, portant au fond de notre cœur un éternel ennui, un chagrin que rien ne peut guérir.

Ainsi nul ne trompe l'esprit pénétrant de Zeus,.nul ne lui échappe. Lui-même, le bienfaisant Prométhée, le fils de Japet, n'évita point la terrible atteinte de son courroux ; tout habile qu'il était, une invincible nécessité le fit tomber et le retint dans les fers.

Lorsqu'autrefois Briarée, Cœos et Gyas excitèrent le courroux d'un père, jaloux de leur force prodigieuse, de leurs formes gigantesques, de leur immense stature, il les chargea de liens et les enferma dans le sein de la vaste terre. Longtemps ils habitèrent au fond de ses derniers abîmes, livrés à la douleur, au désespoir. Mais Zeus et les autres immortels, fils de Rhéa et de Cronos, les rendirent enfin au jour, par le conseil de Géa. Elle leur avait découvert l'ordre des destinées, leur avait promis qu'avec l'aide de ses enfants ils remporteraient sur leurs ennemis une victoire éclatante. Depuis longtemps combattaient les uns contre les autres et se fatiguaient dans cette pénible lutte la race des Titans et les fils de Cronos. Au sommet du mont Othrys étaient postés les illustres Titans, et sur l'Olympe les dieux, auteurs de tous biens, nés de Cronos et de Rhéa à la belle chevelure. \ Depuis dix ans entiers, ils se faisaient avec succès égaux une guerre furieuse, acharnée, sans repos et sans trêve, dont le terme s'éloignait sans cesse. .Mais quand les nouveaux alliés des dieux se furent rassasiés de nectar et d'ambroisie, et qu'avec cette céleste nourriture, ils se furent remplis d'une nouvelle audace, le père des dieux et des hommes leur tint ce discours.

« Écoutez, illustres enfants de la Géa d'Ouranos, ce que mon cœur me presse de vous dire. Voilà bien des années que combattent ensemble pour la victoire et l'empire, et les Titans et nous tous, qui sommes nés de Cronos. Venez dans la triste mêlée montrer aux Titans votre force terrible et vos redoutables bras. Souvenez-vous de l'amitié qui nous unit, des maux que vous avez soufferts, et qu'ont fait cesser mes conseils, de ces liens, de ces ténèbres, dont je vous ai retirés pour vous rendre à la lumière. »

Ainsi parla Zeus ; le noble Cottos lui répond à son tour.

« Tu n'as rien dit, auguste Zeus, qui ne soit nouveau pour nous. Nous aussi, nous connaissons ton intelligence suprême, ta sagesse que rien n'égale, et nous avons éprouvé combien, dans d'affreuses calamités, les dieux te trouvent secourable. Par toi, par tes prudents conseils, sortant enfin de ses ténèbres épaisses, de ces liens douloureux où nous étions retenus, nous reparaissons contre toute espérance, puissant fils de Cronos. C'est donc avec un cœur résolu, un zèle opiniâtre, que nous soutiendrons ton empire dans ce terrible conflit, engageant le combat avec les formidables Titans. »

Il dit, et à ces paroles applaudissent les dieux auteurs des biens. Une ardeur impatiente s'empare des cœurs. Tous, en ce jour, appelaient la guerre, .et les dieux, et les déesses, et les Titans, et les fils de Cronos, et ces fiers et indomptables combattants à la force immense, ramenés par Zeus du fond de l'Érèbe et des abîmes de la Terre. Cent bras sortaient de leurs épaules, et de là aussi, au dessus de leurs robustes membres, s'élevaient cinquante têtes. Armés d'énormes rocs, ils se placent en face des Titans, dont les phalanges se rassemblent et se serrent ; des deux parts, ils ont une égale ardeur à montrer ce que peut la force de leurs bras. Soudain retentissent d'un bruit affreux la mer immense, la vaste terre ; le ciel ébranlé gémit ; le haut Olympe tremble jusque dans ses fondements, quand se heurtent les immortels ; au sombre Tartare même parvient le bruit du choc terrible, des pas qui se précipitent, de l'indicible mêlée, des coups violemment portés ; de tous côtés volent les lamentables traits ; la voix des deux partis qui s'animent au combat frappent le ciel étoile ; du champ de bataille s'élève une immense clameur. Zeus ne contint pas longtemps dans son âme le courroux belliqueux dont elle était remplie : bientôt il fit paraître toute sa puissance. Il allait, lançant le tonnerre du haut de l'Olympe, du haut du ciel. De sa main infatigable partaient sans cesse, avec leurs roulements et leurs éclairs, les carreaux enflammés. La terre féconde brûle en frémissant ; les vastes forêts éclatent ; tout bouillonne et la terre entière, et les courants de l'Océan, et la mer immense ; autour des Titans infernaux se répand une vapeur étouffante, un air embrasé ; leurs audacieux regards sont éblouis, aveuglés par les lueurs delà foudre. L'incendie gagne jusqu'au Chaos ; et, à ce que voient les yeux, à ce qu'entendent les oreilles, on eût dit que la terre et le ciel se confondaient, l'une ébranlée sur sa base, l'autre tombant de sa hauteur. Tel était le fracas de ce combat que selivraient les dieux ! En même temps, les vents soulèvent d'épais tourbillons de poussière, et les transportent, avec les éclairs et les tonnerres, ces traits du grand Zeus, avec les clameurs et le tumulte de la bataille, au milieu des deux armées. Du sein de l'affreuse mêlée s'élève un bruit effroyable ; la force et le courage s'y déployant de part et d'autre, font pencher la balance. Longtemps on avait lutté avec une ardeur obstinée ; mais, au premier rang, avaient livré un combat terrible Cottos, Briarée, le belliqueux Gyas. Trois cents rochers, lancés à la fois par leurs robustes bras, tombaient sans cesse sur les Titans et les couvraient comme d'une nue obscure. Ils les vainquirent enfin, malgré leur orgueilleux courage, et, chargés de durs liens, les envoyèrent au fond des abîmes de la terre, aussi loin de sa surface que la terre l'est du ciel ; car le même espace qui sépare le ciel de la terre sépare aussi la terre du Tartare. Tombant dû ciel, une enclume d'airain roulerait pendant neuf jours et pendant neuf nuits, et, seulement à la dixième aurore, toucherait la terre ; tombant de la terre, elle descendrait neuf autres jours, neuf autres nuits, et, à la dixième aurore seulement, entrerait dans le Tartare. Autour du Tartare s'étend un mur d'airain, se répand, dans sa partie la plus élevée, une triple nuit ; au-dessus naissent les racines de la terre et de la mer ; c'est là, dans d'épaisses ténèbres, d'infectes vapeurs, aux dernières bornes du monde, que. par la volonté du roi des deux, sont ensevelis les Titans. Ils ne peuvent sortir de leur prison ; des portes de fer, qu'y plaça Poséidon, en ferment l'entrée ; d'impénétrables remparts l'investissent ; et là habitent Gyas, Cottos et Briarée, gardes fidèles du redoutable Zeus. Là commencent la terre obscure, le noir Tartare, la mer stérile, le ciel étincelant ; là se touchent les sources, les limites : région affreuse, désolée, que détestent les dieux, gouffre immense et profond. Entré dans son enceinte, on ne pourrait, dans le cours d'une année entière, en atteindre l'extrémité ; on irait, on irait sans cesse, emporté çà et là par d'impétueux tourbillons. Au sein de ces étranges lieux, redoutés même des immortels, s'élève le triste .palais de la Nuit,' toujours enveloppé de sombres nuages. Devant se tient debout le fils de Japet, soutenant de sa tête et de ses mains, sans jamais se lasser, la voûte immense du ciel. Sur le largo ciel d'airain se rencontrent et conversent ensemble le Jour et la Nuit. L'une sort lorsque entre l'autre, car jamais leur demeure ne les renferme ensemble. Tandis que l'une s'en élance pour commencer son cours autour de la terre, l'autre s'y retire pour y attendre le moment d'entrer ensemble dans la même carrière. C'est le Jour, portant la lumière aux mortels ; c'est la Nuit, la lugubre, la triste Nuit, menant avec elle le Sommeil, frère de la Mort.

Là ont leurs demeures le Sommeil' et la Mort, ces enfants de la sombre Nuit, dieux puissants que jamais le brillant Hélios n'éclaire de ses rayons, soit qu'il monte dans les cieux, soit qu'il en descende. L'un est favorable aux humains ; il parcourt d'un vol paisible la terre, la vaste mer, pour leur verser ses doux présents. L'autre enferme dans sa poitrine une âme de bronze, un cœur d'airain ; on ne peut lui ravir celui des mortels qu'il a choisi pour victime ; c'est l'ennemi même des immortels.

Là aussi est le palais retentissant du dieu des enfers ; le puissant Hadès y habite avec la dure Perséphone. Un chien redoutable veille à la porte ; ce monstre farouche, par un instinct perfide, flatte tous ceux qui s'en approchent, il les attire par le mouvement de sa queue et de ses oreilles. Mais, une fois entrés, il ne leur permet plus de sortir, et, attentif à leurs mouvements, il dévore aussitôt quiconque veut repasser le seuil du puissant Hadès et de la dure Perséphone.

Là enfin fait son séjour une divinité odieuse aux immortels ; c'est la redoutable nymphe Styx, fille aînée de l'Océan, ce fleuve dont le courant revient sur lui-même. Elle s'y tient, loin des dieux, dans un palais superbe, dont de hauts rochers forment le faîte, et que, de tous côtés, élèvent vers le ciel des colonnes d'argent. Parfois arrive en ces lieux, après avoir effleuré dans sa course le dos de la plaine liquide, la fille de Thaumas, la rapide Iris, chargée d'un message de Zeus. Elle vient par son ordre, lorsqu'une dispute s'est élevée parmi la troupe céleste, et qu'on y a trahi la vérité, chercher dans un vase d'or l'onde fameuse sur laquelle jurent les dieux. De la crête d'un rocher s'échappe goutte à goutte cette eau glacée. Sous la vaste terre dans l'antre de la nuit noire, coule en flots abondants, détaché du fleuve sacré, un bras de l'Océan. Une dixième partie en a été réservée, tandis que les neuf autres, roulant en bouillons argentés tout autour, de la terre, de la mer au vaste dos, s'en vont tomber dans celle-ci. Elle seule coule du rocher, objet d'effroi pour les dieux. Celui des immortels, habitant la cime neigeuse de l'Olympe, qui a profané par un parjure la libation sacrée, perd pendant une année entière l'usage de ses sens ; il n'approche plus de ses lèvres ni le nectar ni l'ambroisie ; sans haleine et sans voix, il reste étendu sur sa couche et plongé dans un mortel accablement. Puis, quand ce mal a fini, après une longue année, il passe, d'épreuves en épreuves toujours plus rudes. Il est neuf ans séparé des dieux, exclu neuf ans de leurs assemblées et de leurs festins, et ne rentre qu'au dixième dans la compagnie des immortels, des habitants de l'Olympe. Tel est le pouvoir attaché par les dieux à ce gage de leurs serments, à ces antiques et inépuisables eaux du Styx, qui roule à travers une âpre contrée.

Là commencent la terre obscure, le noir Tartare, la mer stérile, le ciel étincelant ; là se touchent les sources, les limites : région affreuse, désolée que détestent les dieux. On y voit des portes brillantes, un seuil d'airain, solide, inébranlable, attaché par de profondes racines, qui de lui-même a pris naissance. Devant, loin de tous les dieux, au delà du noir Chaos, habitent les Titans. Aux fondements même de l'Océan ont leurs demeures les illustres alliés de Zeus à la foudre retentissante, Cottos et Gyas. Pour Briarée, le dieu qui ébranle la terre, le bruyant Poséidon en a fait son gendre, à cause de son courage ; il lui a donné pour femme sa fille Cymopolée.

Lorsque Zeus eut chassé du ciel la race des Titans, un dernier enfant naquit de la vaste Terre, unie aux Tartares par la belle Vénus. C'était Typhée, dieu terrible, aux bras indomptables, aux infatigables pieds. Sur ses épaules se dressaient cent têtes de serpents, d'affreux dragons, dont les gueules effroyables dardaient toutes de noires langues. Le feu brillait dans ses yeux, au-dessous de ses sourcils. De chacune de ses tê tes partaient des regards enflammés ; de chacune sortaient des voix confuses, un incroyable mélange des sons les plus divers. C'était tantôt le langage que comprennent les dieux, tantôt les rugissements d'un taureau indompté, les rugissements d'un lion farouche, les cris plaintifs déjeunes chiens. Quelquefois il poussait des sifflements dont retentissaient les hautes montagnes. Sans doute qu'en ce jour une inévitable révolution se fût accomplie, et que ce monstre eût régné sur les mortels et sur les immortels, sans l'active prévoyance du père des hommes et des dieux. Il fait gronder son tonnerre, et à ce bruit formidable répondent aussitôt la terre, le ciel, la mer, les flots de l'Océan, les profondeurs du

Tartare. Sous les pieds immortels de Zeus tressaille le grand Olympe, tandis que se lève son roi ; la terre gémit ; la mer azurée s'échauffe tout entière aux feux dont s'arment les deux combattants, ceux de la foudre et des éclairs, ceux que vomit le monstre ; tout bouillonne, et la terre, et le ciel, et la mer ; sur ses rivages bondissent avec furie les flots soulevés par l'approche des deux divinités ; un long ébranlement agite la nature. Hadès lui-même frémit d'effroi au sein de l'empire des ombres ; les Titans tremblent au fond du Tartare, autour de Cronos, lorsqu'ils entendent l'horrible tumulte du combat. Zeus a rassemblé ses forces ; il a saisi ses armes, son tonnerre, ses éclairs, ses brillants carreaux ; il s'élance et frappe du haut de l'Olympe. Toutes les têtes du monstre s'embrasent ; lui-même il tombe sous les coups pressés du dieu, tout mutilé, et la Terre immense en gémit. Des torrents de flamme s'échappaient de ce corps consumé par la foudre et précipité par elle au fond d'une obscure et sauvage vallée ; tout autour, à la vapeur de l'incendie, s'échauffait et fondait la terre immense, comme coule l'étain dans le creuset du fondeur, comme s'amollit le fer, le plus dur des métaux, dompté par la main d'Héphaestos, sur ses fourneaux brûlants, au sein des montagnes d'une contrée divine. Ainsi fondait la Terre à l'ardeur de l'incendie. Pour Typhée, Zeus indigné le jeta dans le vaste Tartare..

C'est de Typhon que viennent les vents aux humides haleines, moins Notos, Borée, Argestès et Zéphyre. Ceux-ci sont de race divine ; ils servent aux mortels ; les autres soufflent au hasard sur la vaste mer. faisant sur les flots assombris, pour la perte des mortels, de furieuses tempêtes ; leurs souffles, qui se précipitent de tous les points de l'horizon, dispersent les vaisseaux, abîment les nautoniers ; malheur à quiconque se rencontre sur leur passage ! Ils parcourent aussi la terre immense et fleurie, détruisant les doux fruits du travail des humains, les enveloppant à grand bruit d'épais tourbillons dépoussière.

Quand les dieux eurent accompli leur œuvre et conquis sur les Titans les honneurs du ciel, ils portèrent, par le conseil de Géa, au commandement, à l'empire des immortels, le maître de l'Olympe, Zeus, dont les regards embrassent tout ce qui existe. C'est lui qui fit entre eux le partage des divins honneurs.

Zeus, roi des dieux, prit d'abord pour épouse Métis (la Sagesse), qui savait plus de choses que tous les dieux et tous les humains. Mais comme elle allait mettre au jour la déesse aux yeux d'azur, Athéné, Zeus, trompant son cœur avec de douces paroles, l'enferma dans ses propres entrailles. C'était par le conseil de Géa et d'Ouranos ; ils le lui avaient conseillé, dans la crainte qu'à sa place quelque autre d'entre les dieux immortels ne s'emparât de l'empire ; car de Métis, ainsi l'avaient annoncé les destins, devaient sortir des enfants d'une intelligence profonde : d'abord cette fille aux yeux d'azur, cette Tritogénie, qui égala son père en force et en sagesse ; puis un fils au cœur magnanime qui régnerait sur les dieux et sur les hommes. Prévenant ce danger, Zeus enferma dans ses entrailles sa jeune épouse, pour que, cachée en lui-même, elle lui révélât la connaissance du bien et du mal.

Sa seconde épouse fut la brillante Thémis ; il en eut les Heures, et ces déesses qui président aux bonnes lois, à la justice, à la paix, Eunomie, Dicé, Irène, et par qui s'embellissent les œuvres des mortels ; il en eut encore les Parques, honorées par le dieu très sage des plus glorieux attributs, Clotho, Lachésis, Atropos, chargées par lui de distribuer aux hommes les biens et les maux.

La fille de l'Océan, la ravissante Eurynome, lui donna ensuite les trois Grâces, charmantes divinités : c'est Aglaé, Euphrosyne ; c'est l'aimable Thalie ; de leurs paupières coulent avec leurs regards les douces langueurs de l'amour ; sous leurs sourcils s'échappent de leurs yeux de doux regards.

Reçu dans le lit de la nourricière Déméther, Zeus fit naître la belle Proserpine, ravie bientôt à sa mère par Aïdoneus, auquel l'accorda plus tard le sage Zeus.

Ensuite il aima Mnémosyne à la belle chevelure ; d'elle naquirent les neuf Muses, que couronne une bandelette dorée, et dont le cœur se plaît aux destins et aux chansons.

De son union avec le dieu qui tient en main la tempête, Latone eut Apollon et la chasseresse Artémis, couple charmant parmi tous les habitants du ciel.

Héra, la dernière, devint la brillante épouse de Zeus ; Ilébé, Ares, Ilithye, durent le jour à l'union de cette déesse avec le roi des dieux et des hommes.

Seul il fit sortir de sa tête la vierge aux yeux d'azur, Tritogénie, divinité auguste, terrible, indomptable, qui anime la guerre, qui guide les armées, que charment les cris et le tumulte du combat.

A son tour, entrant en lutte, dans sa colère, avec son époux, Héra, sans s'unir à lui, engendra l'illustre Héphaestos. le plus industrieux des habitants du ciel.

D'Amphitrite et de Poséidon, qui ébranle à grand bruit la terre, naquit le grand, le puissant Tiphon. Au fond des eaux, près de sa mère, près de son glorieux père, habite dans un palais d'or ce redoutable dieu.

Arès, dont le glaive perce les boucliers, eut de la déesse de Cythère l'Épouvante et l'Effroi, divinités horribles, qui, dans l'affreuse mêlée, marchant aux côtés de leur père, le destructeur des villes, dissipent les épais bataillons ; il eut encore d'elle Harmonie, que le magnanime Cadmus choisit pour épouse.

Reçue dans la couche sacrée de Zeus, la fille d'Atlas, Maïa, mit au jour l'illustre Hermès, le messager céleste. La fille de Cadmus, Sémélé, conçut de ses embrassements un illustre fils, Dionysos, qui produit la joie. Mère mortelle d'un immortel enfant, elle est maintenant comme lui parmi les dieux. Alcmene enfin, unie au souverain des nuages, enfanta le puissant Héraclès.

L'illustre boiteux, Héphaestos, prit pour sa brillante épouse Aglaé, la plus jeune des Grâces. Dionysos à la chevelure dorée épousa la blonde, la florissante Ariadne, la fille de Minos, que Zeus, en sa faveur, exempta de la vieillesse et de la mort. Le généreux fils de la belle Alcmène, Héraclès, quitte enfin de ses douloureuses épreuves, s'unit sur la cime neigeuse de l'Olympe à une pudique épouse, Hébé, fille du grand Zeus et d'Héra à la chaussure d'or ; fortuné mortel qui, après avoir accompli sur la terre de grands travaux, habite éternellement parmi les dieux, sans connaître jamais ni la douleur ni la vieillesse.

L'infatigable dieu du jour, Hélios, eut d'une illustre Océanide, de Perséis, et Circé et le roi Æétès. Cet Æétès, ce fils du Soleil qui éclaire les humains, s'unit par la volonté des dieux à une autre fille de l'Océan, le fleuve sans fin, à la fraîche Idye. Vaincue par l'amour, subissant le joug doré de Vénus, la nymphe devint mère de Médée aux pieds charmants.

Adieu maintenant, ô vous qui occupez les célestes palais, qui régnez sur les îles, sur les continents, sur cette onde amère qu'ils enferment ! C'est la race des déesses que vous devez chanter désormais, Muses au doux langage, habitantes de l'Olympe, filles du maître des tempêtes. Dites quelles furent, parmi les immortelles, celles qui, s'alliant à des mortels, en eurent des fils semblables aux dieux.

Déméter, cette déesse auguste, donna le jour à Plutus. Il naquit d'un héros, d'Iasios, dont elle reçut les embrassements dans un sillon fraîchement creusé, au sein de la fertile Crète ; Plutus, dieu bienfaisant, qui parcourut la terre et la vaste mer, distribuant à ceux qu'il rencontre et qui peuvent s'arrêter, les richesses et le bonheur.

Harmonie, fille d'Aphrodite, donna à Cadmus Ino et Sémélé, puis Agave, puis Autonoé, qu'Aristée à l'épaisse chevelure eut pour épouse, puis enfin Polydore ; ils naquirent dans les remparts dont Thèbes se couronne.

Unie par l'amour au magnanime Chrysaor, Callirhoé, fille de l'Océan, enfanta le plus robuste des mortels, ce Géryon que tua Héraclès dans l'île d'Érythie, pour lui ravir ses bœufs au pied flexible.

L'Aurore eut de Tithon Memmon au casque d'or, roi des Éthiopiens, et un autre roi, Hémation. Céphale la rendit mère d'un illustre fils, du vaillant Phaéton, mortel semblable aux dieux. Dans ses jeunes années, lorsque la fleur délicate de l'adolescence brillait sur son visage, que les douces pensées de cet âge occupaient son cœur, la riante Aphrodite le ravit, l'attacha à son culte, et le chargea, génie divin, du service nocturne de ses temples.

Le fils d'Éson, par la volonté des dieux, enleva du palais de son père la fille du roi Æétès, nourrisson de Zeus. Ce fut après avoir accompli les pénibles et si nombreux travaux que lui avaient imposés un roi orgueilleux, l'injuste, le violent Pélias, cet artisan de crimes. Sorti de ces épreuves, après mille dangers et mille maux, il revint à Iolcos, emmenant sur sa nef rapide la jeune fille aux doux regards, dont il fit son épouse. Cédant à l'amour de Jason, pasteur des peuples, Médée le rendit père de Médéos, que nourrit dans les montagnes Chiron, fils de Philyre. Ainsi l'avaient voulu les conseils du grand Zeus.

Parmi les nymphes de la mer, filles du vieux Nérée, Psamathée, l'une des plus illustres, obtint de l'amour d'Éaque, grâce aux bienfaits d'Aphrodite, un fils nommé Phocos. Unie à Pelée, Thétis aux pieds d'argent fut mère d'Achille, au bras meurtrier, au cœur de lion.

Énée naquit de Cythérée à la brillante couronne, que mit l'Amour entre les bras d'Anchise, sur la cime de l'Ida, dans ses forêts profondes.

Circé, fille d'Hélios, petite-fille d'Hypérion, eut du patient Ulysse Agrios et le vertueux, le vaillant Latinus ; enfin, grâce aux bienfaits d'Aphrodite, Télégonos, qui tous bien loin, dans les îles sacrées, régnèrent sur l'illustre nation des Tyrrhéniens. La divine Calypso eut du même Ulysse deux fils, Nausithoos et Nausinoos.

Telles furent, parmi les immortelles, celles qui, s'alliant aux mortels, en eurent des fils semblables aux dieux. Chantez maintenant la race des femmes de la terre, Muses au doux langage, habitantes de l'Olympe, filles du maître des tempêtes.